La Jeanne d'Arc de Notre-Dame
DE NIORT

NIORT

IMPRIMERIE NOUVELLE G. CLOUZOT

LA JEANNE D'ARC

DE

NOTRE-DAME DE NIORT

PANÉGYRIQUE DE JEANNE D'ARC

PRONONCÉ

PAR MONSIEUR L'ABBÉ L. PERIVIER, VICAIRE GÉNÉRAL,

pour l'inauguration d'une nouvelle

statue de la Bienheureuse

9 Septembre 1917

NIORT

IMPRIMERIE NOUVELLE G. CLOUZOT

85, RUE CHABAUDY, 85

1917

PANÉGYRIQUE DE JEANNE D'ARC

Quæ est ista, quæ progreditur quasi aurora consurgens... terribilis ut castrorum acies ordinata ?

Quelle est Celle, qui se lève pareille à une aurore naissante, et terrible comme une armée en bataille ?

Cantique des cantiques (VI-9)

Mes Frères,

L'Eglise depuis longtemps a répondu à l'interrogation de mon texte. Elle y a reconnu la créature privilégiée, qui surpasse toutes les beautés et les puissances de la terre. C'est l'Immaculée Vierge Marie! Dieu lui a donné une place si éminente dans l'ordre de la grâce qu'elle représente l'idéal le plus parfait de la beauté et de la puissance surnaturelle. Malgré cette élévation qui la met hors de pair dans l'histoire de l'humanité, aucune créature sur un théâtre moins vaste et avec un éclat plus modeste ne peut-elle lui être comparée?

Regardez au début du XVe siècle. Un peuple descendait aux abîmes: C'était la France, née pour accomplir les gestes de Dieu et porter dans le monde le sceptre de la civilisation chrétienne. Bouvines avait jeté sur elle un dernier éclair de gloire, mais depuis elle est passée par les désastres de Crécy, Poitiers et Azincourt. Les factions la déchirent, la patrie n'est plus qu'un nom et son âme semble avoir disparu. La royauté erre comme une ombre dans les châteaux de Touraine. L'héritier de Charlemagne, de Philippe-Auguste et de Saint Louis a perdu sa capitale et sa couronne. Il n'est plus que le petit roi de Bourges, inconnu de ses sujets et insensible aux malheurs de son royaume.

La France serait-elle abandonnée par Dieu ? Non, M. F.

Une radieuse apparition se lève et plane sur la France, au déclin de cette longue et sanglante nuit qui fut la guerre de Cent ans. C'est une pure adolescente, qui file au milieu de ses agneaux et cueille des fleurs sur les bords de la Meuse pour orner les autels de la Vierge. C'est la messagère des miséricordes divines et de la délivrance nationale. Elle réunit en elle les contrastes les plus opposés, car Dieu lui a donné la beauté du matin et le prestige des armées. Comme aux premières blancheurs de l'aube tout se colore, s'éveille, chante et déchire le voile de la nuit pour renaître à l'espoir et à la vie, ainsi la France au lever de sa jeune aurore va déchirer le suaire ensanglanté dans lequel on voulait l'ensevelir. On la verra ressusciter.

Ah ! ne demandez plus quelle est celle qui monte à l'horizon, gracieuse comme une aurore et puissante comme une armée. Elle a des noms humbles et glorieux. C'est la bergère de Domrémy, l'Inspirée de Poitiers, la Pucelle d'Orléans, la triomphatrice de Reims, la captive de Compiègne et la martyre de Rouen ; en un mot c'est Jeanne d'Arc. Pour la louer dignement, il me faudrait la harpe des Prophètes, et je n'ai que ma modeste parole ! Elle vous dira simplement que dans ses triomphes et ses revers la Bienheureuse Jeanne n'a jamais vécu que pour Dieu et pour la France.

Dieu me garde d'être injuste pour l'Angleterre, aujourd'hui notre alliée, et d'oublier les devoirs sacrés de l'Entente ! Si la vérité m'oblige à dévoiler et à blâmer ses torts envers Jeanne d'Arc, je tiens à dire qu'elle les a reconnus et regrettés autant que nous.

Salut à vous, ô bienheureuse Jeanne ! Après la Vierge Marie, vous êtes la patronne la plus aimée et la plus populaire du pays. Votre image est à tous les foyers et dans toutes nos églises. Je suis heureux de la saluer dans une statue neuve qui rappelle la blancheur des lis. Vous aviez déjà votre place à Notre-Dame de

Niort, mais dans sa basilique ressuscitée la Vierge a voulu que vous ressuscitiez vous même par un monument plus digne de la France et de vous. Merci à M. l'archiprêtre d'en avoir pris l'initiative avec l'ardeur et le tact qui lui assurent toujours le succès ! Merci à la famille généreuse qui offre cette belle statue à l'église Notre-Dame. Je la félicite d'avoir compris que Jeanne d'Arc avait droit à un trône d'honneur dans tous les sanctuaires catholiques et français.

I

La perfection des âmes se mesure à la perfection de leur amour. Or, deux amours se sont partagé le cœur de Jeanne d'Arc : c'est l'amour de Dieu et celui de la France. C'est avec de tels amours que Dieu fait les grandes âmes. Assurément, le culte de l'honneur et la noblesse des races peuvent inspirer de beaux dévouements, mais seules la religion et la patrie enfantent les héros et les martyrs. Rien ne le prouve mieux que l'héroïsme religieux de nos soldats, qui meurent à la frontière pour Dieu et la France avec la simplicité et la grandeur des Macchabées. Nous allons admirer ces deux sentiments dans la bienheureuse Jeanne d'Arc.

Dieu ne plaça point son berceau au palais des princes. Elle naquit d'une humble famille où la vertu et le travail étaient en honneur. Quelle idylle charmante que son enfance passée entre sa chaumière et son église au frais paysage de Domrémy, dans les champs et les prés où la Meuse promène ses eaux limpides ! C'est là qu'elle aimait à entendre le son des cloches et les voix du Paradis. Elle ne savait que trois prières, le *Pater*, l'*Ave* et le *Credo*, mais elle les récitait si bien qu'on était ravi de l'entendre. Elle ne lisait pas dans les livres des hommes, mais dans les œuvres de Dieu, dans la transparence du ciel, les horizons champêtres et les plaies du Crucifix. Aucun pressentiment de l'avenir ne troublait son âme candide, qui s'épanouissait chaque jour au contact de la grâce avec une beauté toute divine.

Me serait-il permis de citer ici ce qu'une âme délicate de notre siècle disait à Dieu dans un élan de piété et de poésie ?

> « Vous avez fait l'épi, vous avez fait la rose,
> Et l'oiseau qui s'envole au monde aérien ;
> Vous avez fait, Seigneur, une plus belle chose,
> C'est l'âme du chrétien ! »

Cette beauté de l'âme chrétienne, Jeanne la possédait dans tout son éclat depuis le jour de son baptême.

Il n'est donc pas étonnant que le ciel l'admirât et vînt converser avec elle. Le bruit se répandit bientôt que des voix mystérieuses lui parlaient. Saint Michel, l'archange des combats célestes, lui dit : « Il y a grande « pitié au royaume de France ! Va, va, Fille de Dieu. « Lève le siège d'Orléans et fais sacrer le roi à Reims. » Sainte Catherine et Sainte Marguerite, toutes deux martyres, l'une après avoir confondu les Docteurs d'Alexandrie, l'autre après avoir subi le supplice de la prison et des torches ardentes, s'entretiennent avec Jeanne comme avec une sœur et répètent l'ordre de Saint Michel : « Va, Va, fille de Dieu ! Il te sera en aide. » Quelle touchante délicatesse dans les choix du ciel ! Les deux Saintes, à son insu, étaient le présage vivant de son futur martyre.

Rien n'était plus inattendu que la mission de Jeanne. Elle n'avait sur la terre d'autre attachement qu'à ses parents et à ses compagnes ; elle n'a jamais entrevu d'autre avenir que celui de vivre et de mourir à l'ombre de son église de Domrémy, elle avait le cœur si français qu'elle a pleuré sur les malheurs de son pays et prié Dieu de les abréger ; mais pouvait-elle penser qu'à 17 ans, malgré son ignorance et sa timidité, Dieu lui demanderait de quitter sa famille, d'échanger sa robe de village pour une armure de soldat, d'entrer à la Cour de Chinon, de reconnaître sous son déguisement le roi qu'elle n'avait jamais vu, de traiter avec les princes les intérêts du royaume, de discuter des plans de bataille avec des généraux vieillis dans les camps, de détruire les défiances inspirées par son âge, et d'entraîner une armée à la suite de son étendard ?

Telle fut pourtant sa destinée. A 17 ans, M. F., et en temps de guerre, on ne rêve qu'aux douceurs du foyer paternel, les séparations épouvantent, elles auraient dû effrayer Jeanne d'Arc. Mais les impossibilités les plus manifestes ne déconcertent pas une âme éclairée et fortifiée par l'amour de Dieu. Dès que cet amour pénètre dans une âme, il en exalte et domine tous les sentiments, et les répugnances les plus vives tombent devant lui. Car il nous arrache à nous-mêmes par une sorte de violence irrésistible, dit Bossuet, et en goûtant ses délices, nous ne pouvons plus sentir d'autres flammes. Nous entrons alors dans un état de servitude royale, où l'amour règne en souverain. Il change tout en soi-même, il ne souffre ni douleur, ni crainte, ni espérance que celles qu'il donne. En voici l'explication, c'est que cet amour est un Dieu, *Deus caritas est ;* et à ce Dieu rien ne résiste. Comme il lui imposait en même temps l'amour de sa patrie qui est la France, Jeanne d'Arc toute brûlante de ces deux amours ne reculera devant aucun sacrifice. Selon la délicieuse parole de Saint Bernard, *Amat et amat,* elle aime et ne se lasse pas d'aimer. Elle est à la merci de Dieu, elle ne vit et respire que pour lui et la France, et elle est impatiente de le prouver. Sa vie et sa mort en seront des preuves éclatantes.

Si Baudricourt lui demande quand elle veut partir, elle répond : « Plutôt aujourd'hui que demain, et demain qu'après demain. J'irai, dussé-je user mes jambes jusqu'aux genoux. Donnez-moi des armes et des hommes, je saurai m'en servir. » Une autre fois elle insiste en disant : « J'aimerais mieux coudre et filer auprès de ma mère. Combattre n'est pas mon métier, mais Messire Dieu, mon Seigneur du ciel me l'a ordonné. J'obéirai. » Heureuses les âmes qui obéissent ainsi ! L'obéissance est facile, quand elle est accompagnée par l'amour, car on a dit avec raison qu'on est heureux de servir ceux qu'on aime.

Mes frères, n'avez-vous pas remarqué que les temps de Jeanne d'Arc ressemblent aux nôtres, et ne vous semble-t-il pas avoir vécu les mêmes heures et les mêmes événements qu'elle ? En sonnant le tocsin de la guerre, les cloches de nos églises disaient à la jeunesse française : « Va, va, fille de Dieu et de la France ! La patrie n'a d'autre secours qu'en toi ? » Et notre chère jeunesse, électrisée par son patriotisme, partait comme un seul homme. On se serait cru au temps d'Israël, *Egressus est Israël tanquam vir unus.* De tous les horizons, de tous les partis, de toutes les familles, nos frères accouraient et répondaient comme les étoiles à l'appel de Dieu : Nous voici ! Sauf le courage des soldats, l'habileté des principaux chefs et l'espérance de la victoire, presque tout manquait contre un ennemi qui ne manquait de rien, pas même de mensonges et de cruautés. L'héroïsme des mères le disputait à celui des fils, il a éclaté en des accents qui ont ému le monde entier. Les femmes de Grèce disaient en remettant le bouclier à leurs fils : « Reviens avec ou dessus ». Il était plus admirable d'entendre certaines mères françaises dire à l'heure attendrissante des adieux : « Mon enfant, aime la France plus que ta mère, combats pour elle en héros, et s'il le faut, meurs en chrétien. » A l'époque de Jeanne d'Arc, il y avait grande pitié au royaume de France, où il ne restait plus que des lambeaux de patrie. Quelle pitié plus grande aujourd'hui ! La France est un immense autel, où le sang des victimes coule à grands flots, et elle ne serait bientôt plus qu'une vaste tombe, où disparaîtrait la fleur de notre race, si Dieu ne suspendait pas le cours de sa justice. Mais ce qui augmente encore la pitié au beau pays de France, c'est que l'impiété ne désarme pas. Dieu et l'Eglise sont outragés impunément avec la tolérance des pouvoirs publics, comme si Dieu ne comptait pour rien dans le gouvernement de ce monde, et comme si la France n'était pas la fille aînée de l'Eglise. Pourtant c'est Dieu qui a sauvé la France par Jeanne d'Arc. Il est disposé à nous sauver encore.

Il est vrai que Dieu ne choisit pas toujours les heures et les moyens des hommes; d'ailleurs, peu importent son heure et ses moyens pourvu qu'il nous sauve. Des bergères françaises comme Geneviève et Jeanne d'Arc lui suffisent pour manifester son intervention divine. Malgré des apparences contraires, c'est lui qui préside au cours des siècles, et en cachant son action providentielle sous le voile obscur des événements, il n'en reste pas moins l'arbitre des nations. Il affecte parfois dans le calme de son éternité d'être indifférent à l'échec des causes les plus saintes. Mais, quand les énergies d'un peuple qu'il veut sauver sont épuisées, quand ce peuple agonise sous les ruines de ses institutions et le poids de ses désastres, quand un vainqueur insolent menace d'ensevelir dans le même tombeau le nom et l'âme de la patrie, quand dix siècles de gloire vont s'éteindre dans l'histoire la plus illustre du monde, quand il est avéré que Dieu seul est capable de fermer les abîmes, c'est alors qu'il entre en scène; et, pour ne pas qu'on attribue ses œuvres à l'habileté et au génie des hommes, il emploie les instruments les plus débiles, il envoie une bergère ignorante, qui discute avec les Docteurs, les Capitaines et les Princes, qui emporte d'assaut les forteresses les plus imprenables, et arbore sa bannière sur les remparts des cités vaincues. Alors on ne s'y trompe plus, les hommes bataillent et Dieu donne la victoire, il n'y a plus qu'une voix pour s'écrier: « *Deus venit in Castra* » Dieu est venu dans notre camp.

Au xve siècle, M. F., il vint avec Jeanne d'Arc dans le

camp français. Hâtons-nous de la suivre. Elle a complété son armure avec son épée de Fierbois et sa blanche oriflamme de Tours, qui porte en lettres d'or sa devise : « Jésus, Maria ! » Elle bondit avec adresse sur son cheval de guerre, elle est si passionnée pour Dieu et pour la France qu'elle vole immédiatement à la poursuite des Anglais. Orléans assiégée et affamée attend la Pucelle, elle y entre au chant du *Veni Creator*. Généraux et soldats avaient avili leur honneur militaire sous les yeux mêmes de l'ennemi, ils n'étaient pas dignes de vaincre. « Que personne ne se joigne à nous, dit-elle, sans être confessé ! » Elle est obéie. La Hire, Dunois se confessent et jurent de la suivre partout où elle les conduira ; tous attendent l'assaut avec impatience, ils prient et chantent des hymnes à la Vierge. Ce n'est plus la même armée, on dirait que Jeanne d'Arc porte en elle l'âme de la patrie et leur a communiqué son amour de Dieu et de la France. — Une nuit elle crie à son écuyer : « Le sang de France coule. Mon cheval et mes armes ! Je n'ai jamais vu couler le sang français, sans que mes cheveux se dressent sur ma tête. » — « Ayez confiance, s'écrie-t-elle au pied des Tourelles, tout est vôtre, vous verrez bientôt mon étendard flotter sur la Bastille ». Elle monte la première à l'assaut, soudain une flèche lui transperce l'épaule, elle l'arrache elle-même, son sang coule et son étendard tombe de ses mains. Comme elle l'aime quarante fois mieux que son épée, elle le ressaisit, et le dresse au sommet des Tourelles en disant : « Entrez, entrez, tout est vôtre ! »

Mes frères, vous venez d'entendre un des faits les plus surprenants de l'histoire, accompli par une jeune fille de 17 ans. Ecoutez maintenant le *Te Deum*, qui retentit dans les rues d'Orléans ; l'armée et la foule le chantent à l'envi. En vérité, l'honneur des armées grandit dans l'explosion de leur foi religieuse. Quand verrons-nous nos soldats vainqueurs rentrer dans la patrie et chanter comme l'armée de Jeanne d'Arc leur reconnaissance au Dieu qui donne la Victoire ?

Jeanne d'Arc aurait pu se complaire à entendre chanter comme Judith après la délivrance de Béthulie : « *Tu gloria Jerusalem. tu lœtitia Israël, tu honorifi centia populi nostri.* Vous êtes la gloire d'Orléans et l'honneur de la France ! » La foule, ivre d'admiration, allait jusqu'à dire sur son passage que la délivrance de la cité était le plus grand miracle accompli depuis la Passion du Sauveur. Mais l'Anglais foule encore le sol de la patrie, le sang de France coule dans des villes assiégées, et les voix du ciel lui ordonnent de continuer le voyage de Reims. Alors, elle se dérobe aux acclamations populaires, elle va baiser les pieds du roi en disant : « Gentil dauphin, venez recevoir l'onction royale du Sacre ! Ce voyage fut triomphal. Jargeau, Meung, Patay, Beaugency sont pour elle autant d'étapes victorieuses. C'est là qu'elle dit aux siens : « Allez hardiment contre les Anglais, ils sont tous nôtres, quand même ils seront pendus aux nuages, nous les aurons. » Le carnage fut affreux, mais Jeanne parcourut le champ de bataille en soignant et consolant les blessés. La guerrière était devenue Sœur de Charité.

C'était le 16 Juillet 1429, Jeanne d'Arc entrait à Reims avec Charles VII. Quel spectacle inoubliable ! Clotilde était présente au sacre de Clovis comme épouse du roi et marraine du peuple franc qui allait devenir Chrétien. Le pape Léon III a couronné Charlemagne, les personnages étaient plus grands, mais les circonstances étaient moins émouvantes. Il y manquait cet idéal de vertu, de fidélité et d'héroïsme qui fut Jeanne d'Arc. Il y manquait la colombe virginale de Domrémy, encore plus céleste que la colombe de la sainte Ampoule au sacre de Clovis. Il y manquait en un mot ce chef d'œuvre surnaturel, qui présidait la cérémonie du sacre au nom du Ciel qui l'avait envoyée. Il me semble voir le cortège royal des princes, évêques et seigneurs défiler avec Jeanne d'Arc au milieu des acclamations dans la cathédrale de Reims. Ici, mes frères, je ne puis contenir l'indignation qui déborde de mon âme.

O cathédrale de Reims, jadis la reine pacifique de nos basiliques nationales et le piédestal sublime de tout un peuple de statues, qui s'abritaient sous tes dentelles de pierre ou couronnaient les murs de ton enceinte, les Vandales n'ont respecté en toi ni la magnificence de l'art ni la majesté des souvenirs. Te voilà mutilée comme une forteresse de guerre dans cette plaine de Champagne qui était fière de toi. Il ne te reste plus que la majesté des ruines, mais tes ruines sont éloquentes, elles maudissent les infâmes bandits qui t'ont dévastée. O Saints et Saintes de France qui avez été mitraillés sur vos trônes aériens, protégez encore la grande mutilée, qui étale aux passants les outrages irréparables dont elle a été victime. La France dira un jour : « Debout les Cathédrales !.. Alors Reims, et ses sœurs d'Arras, de Soissons, de Verdun et de Saint-Quentin se relèveront pour chanter encore dans les airs le vieux *Credo* de la France chrétienne.

Les malheurs de Reims ne me font pas oublier la splendeur du sacre. Jeanne d'Arc, debout à côté de son roi, y portait son étendard immaculé digne d'être à l'honneur comme il avait été à la peine. La Cathédrale entière vibrait d'enthousiasme, et chacune de ses pierres, dans un concert grandiose semblait répéter avec la foule le cri triomphal : Noël ! Noël ! La cérémonie se déroula avec une imposante solennité, mais l'éclat de la royauté était éclipsé par l'innocence de la Pucelle. C'est elle qui attirait tous les regards. Il faut rendre justice au peuple de France, il est toujours séduit par les charmes de la vertu. Il l'admire, il l'aime, il l'invoque, dès qu'il la voit briller comme une auréole du ciel au front d'une adolescente, qu'elle soit Jeanne d'Arc la guerrière d'Orléans ou sœur Thérèse de l'enfant Jésus la carmélite de Lisieux. A peine Charles VII fut-il couronné que Jeanne d'Arc la première, le visage inondé de larmes, se prosterna devant lui en disant : « Noble roi, la volonté de Dieu est accomplie, vous êtes le vrai roi de France ». Jusqu'à la dernière heure de ses triomphes, elle prouva que dans son amour, Dieu et la France n'étaient point séparés.

Voici Jeanne d'Arc au comble du bonheur terrestre ! Elle a présidé au sacre de son roi, dans la foule elle a distingué son père qui croyait rêver en voyant sa fille élevée à tous les honneurs sans les avoir brigués, et portant avec une attitude à la fois recueillie et martiale son épée et son étendard. Quel contraste avec la simplicité de Domrémy ! Elle tient dans sa main la coupe de la gloire, sans en connaître les enivrements. Combien d'autres auraient eu le vertige en atteignant à son âge l'apogée de la grandeur humaine ! Mais elle avait conscience de n'être qu'un instrument entre les mains divines. Ce fut un honneur pour les Anglais de n'avoir été vaincus que par une intervention visible de Dieu, et Jeanne d'Arc ne pensait humblement qu'au bonheur d'avoir servi Dieu et la France. L'heure des épreuves va bientôt sonner, et la politique humaine succèdera à l'inspiration divine. Désormais l'envoyée de Dieu sera délaissée et combattue, ses voix continueront de lui parler, mais Charles VII ne voudra plus les entendre. Jeanne toujours ardente à la poursuite des Anglais ne dirigera plus les opérations militaires, elle ne fera que suivre ses anciens capitaines. Si elle n'est plus l'Inspirée qui commande, elle sera toujours l'héroïne qui combat et qui souffre pour l'amour de la France.

II

Il est une loi inexorable qui pèse sur l'humanité, c'est la loi universelle de la douleur. La vie de l'homme commence et finit par un gémissement. Il sort des palais et des chaumières, l'âge et l'innocence n'en sont pas exempts. Les vies les plus saintes sont souvent couronnées par l'épreuve ; sinon, il leur manque « ce je ne sais quoi d'achevé que le malheur donne à la vertu. » Tel est le langage de Bossuet. L'excès même de l'infortune consacre à jamais la perfection des âmes. Le Fils de Dieu n'a pas échappé à cette loi, il a dû passer par la souffrance avant d'entrer dans sa gloire. *Oportuit Christum pati et ita intrare in gloriam.* Cette loi, M. F., est une conséquence de la grande loi d'expiation, imposée à l'humanité après la faute originelle. Dieu promit le pardon quand l'expiation serait accomplie, et devant l'impuissance des hommes, le Fils de Dieu lui-même se fit expiateur. Dès lors toute créature dut participer à l'expiation divine en souffrant pour la rédemption des âmes et des peuples.

Jusqu'à présent, Jeanne d'Arc nous est apparue comme un ange descendu du ciel au secours de la patrie. Après avoir accompli des prodiges de valeur, elle a dû supporter des prodiges de douleur, aussi pourrait-on lui appliquer les paroles de Bossuet : « Vous verrez dans une seule vie toutes les extrémités des choses humaines, la félicité sans bornes aussi bien que les misères. » En effet, ses épreuves ont été aussi extraordinaires que ses victoires. Dieu, qui a fait de Jeanne d'Arc une de ses créations les plus merveilleuses, a voulu rassembler en elle tous les genres de mérites, et il l'a rendue aussi capable de souffrir que de vaincre. C'est pourquoi il l'a présentée au monde sur le piédestal de la douleur, qui élève les âmes et les rend plus conformes à l'image du divin Crucifié. Pour les âmes chrétiennes la martyre est encore plus admirable que la guerrière. Comment ne pas considérer la victime avec pitié, quand on a contemplé avec tant d'admiration l'héroïne de Patay et d'Orléans ? cette fois encore il sera vrai de dire qu'il y a eu grande pitié en France, où tous les cœurs auraient dû s'indigner d'apprendre que Jeanne d'Arc était victime de la *trahison,* de *l'ingratitude* et de la *cruauté humaine.*

Quand le malheur compose la trame de toute une vie, la continuité des épreuves est dure, mais il y a une certaine habitude des peines qui en diminue l'amertume. Au contraire, si l'aurore de la vie a été ensoleillée de bonheur, si par un appel mystérieux de la Providence une créature comme Jeanne d'Arc a été instruite et dirigée par les voix du ciel, si sa carrière n'a été qu'une série de victoires, si la foule fascinée par sa vertu et son intrépidité la saluait des acclamations les plus enthousiastes, si le roi l'admettait à la cour et la suivait au sacre de Reims, si enfin elle porte en soi un cœur pur de 17 ans, ouvert à toutes les sensibilités de la nature et de la grâce et comblé par le ciel autant que par la terre des joies les plus ineffables, croyez-vous que le premier contact de ce cœur avec la souffrance ne l'aura pas violemment déchiré, et que le souvenir d'un passé glorieux n'aura pas creusé plus profondément la blessure ? Il est cruel à tout âge, mais surtout en pleine adolescence, de sentir les premières atteintes du malheur ! Il n'y a que les grandes âmes capables de résister victorieusement aux coups imprévus de l'adversité, quand elle nous frappe au lendemain de nos jours les plus heureux. Jeanne d'Arc était de ce nombre. C'est la France qui la frappait, et Dieu qui le permettait. Elle pardonne à la France et adore la volonté de Dieu. Dans ses revers comme dans ses triomphes elle a montré que ces deux amours étaient immortels dans son âme.

La trahison, M. F., est l'arme des lâches et des ingrats, qui sont l'opprobre de l'humanité. Quel homme d'honneur ne maudirait pas les traîtres de Jeanne d'Arc qui avait sauvé son pays en relevant le prestige de nos armées ? C'était un sacrilège de livrer l'envoyée de Dieu à ses plus mortels ennemis, car sa mission avait un caractère sacré. C'était lui infliger une injure plus odieuse que la mort. « J'aimerais mieux mourir, disait-elle avec une fierté toute française, que tomber aux mains des Anglais. Avec quel bonheur je retrouverais mon père et ma mère, et garderais leurs brebis avec mes sœurs ! » Une telle simplicité touchait ceux qui l'entendaient et l'on répétait autour d'elle qu'elle était sainte et venait vraiment de Dieu. Elle savait que de perfides conseillers ruinaient son influence auprès du roi ; elle ne commandait plus, mais comme il s'agissait de bouter les Anglais hors de France, elle bataillait encore sous les généraux qu'elle avait jadis entraînés à la Victoire, et disait au roi : « Sire, je ne durerai guère qu'un an, hâtez-vous de m'employer au service de la patrie ». Elle aurait enlevé Paris au roi d'Angleterre sans une conspiration ourdie contre elle. Voyez-la grièvement blessée et baignée de son sang dans les fossés du rempart, on l'y abandonne au lieu de la venger.

La voici à Compiègne, presque seule en face d'ennemis nombreux et plus assiégée par la trahison des Français « que par la fureur des Anglais. C'est là qu'on avait formé le complot de la faire disparaître de la scène politique et militaire ; du moins elle luttera jusqu'à la fin avec la poignée d'hommes qui lui restent : « En nom Dieu, s'écrie-t-elle, En avant! » Dans la mêlée elle est suivie de près par des archers qui lui crient : « Rendez-vous, rendez-vous ! Donnez votre foi! » J'ai donné ma foi à un autre que vous, répond la Pucelle, et je lui tiendrai parole. « Elle est captive, on la traîne de prison en prison ; deux fois elle tente de s'évader, non pour en finir avec la vie, ce qui serait une lâcheté, mais pour reprendre la lutte contre les Anglais, ce qui était de la bravoure. Quel contraste avec la Cour de Chinon et le sacre de Reims ! Elle est seule dans un cachot avec d'ignobles geôliers, qui en veulent plus à sa vertu qu'à sa vie ; on l'a désarmée, comme si elle avait forfait à l'honneur, elle qui incarnait l'honneur de la France. Elle avait versé son sang pour elle, et elle pleurait de ne pouvoir plus la servir par les armes. Ses deux saintes la visitent et l'encouragent sans lui dévoiler l'avenir. Elles lui disent: « Prends tout en gré, fille de France, Dieu t'aidera. » O Jeanne, consolez-vous ! Le passé était splendide, le présent est sombre, et l'avenir sera plus douloureux encore, mais le Psalmiste semble avoir parlé pour vous en disant : « Réconfortez votre cœur et supportez Dieu. *Confortetur cor tuum et sustine Dominum* ». Si d'ordinaire le joug de Dieu est suave et son fardeau léger, le poids du Seigneur est lourd à porter, quand il laisse retomber sur nous toute la pesanteur de sa croix ; la pauvre nature humaine fléchirait alors sous son fardeau divin sans le secours d'En haut. On vous enfermera dans une cage de fer où vous ne pourrez rester que debout, on vous privera de lumière, de mouvement, et d'Eucharistie, ce qui sera un supplice pour votre âme angélique, mais écoutez l'Esprit Saint qui vous dit lui-même : « *Conjungere Deo et sustine*. Union avec Dieu et patience toujours ! » Car vous êtes sur le chemin du Calvaire. Vous ne cesserez pas de vivre pour Dieu et la France ; quand on ne peut plus agir, on peut toujours souffrir, et la souffrance est la grande rançon des âmes et des patries.

Les plus viles passions étaient conjurées contre l'innocente Pucelle. Après la trahison, c'est l'ingratitude qui en fait sa victime. Si quelqu'un devait lui témoigner sa reconnaissance, assurément c'était le roi. Dieu semblait ne l'avoir créée que pour lui conquérir son royaume et lui rendre sa couronne. Elle avait tout sacrifié pour arracher sa personne et ses provinces aux mains du roi d'Angleterre. Son sang avait coulé avec le sang de France, comme pour acquérir des droits à la reconnaissance nationale. L'Eglise, à qui elle faisait tant d'honneur et le peuple dont elle était la fille ne l'ont pas méconnue. On a prié pour elle pendant sa dure captivité et son infâme procès. Seule la reconnaissance royale lui avait manqué. Elle a secouru le petit roi de Bourges, et le vrai roi couronné de France en jouissant de ses bienfaits, oubliait sa bienfaitrice ; on voudrait trouver dans l'histoire des traces de son intervention près des Anglais. Hélas! l'histoire est muette. Où était donc Charles VII? Son cœur, amolli dans les plaisirs de la cour et abusé par la jalousie de son entourage, n'eut pas l'énergie de protester hautement contre l'injustice des ennemis. Il se contenta de remercier le Pape qui avait ordonné la réhabilitation de Jeanne. Où étaient La Hire et Dunois, qui la suivaient à l'église et et à la victoire ? Leur conscience a dû protester, mais les protestations intimes de la conscience ne suffisent pas à délivrer les prisonniers.

Depuis Paris et Compiègne, où l'ingratitude royale fut responsable de sa captivité, à quelles angoisses la Pucelle ne fut-elle pas en proie? Quand les visions brillantes d'Orléans et de Reims illuminaient un peu l'obscurité de sa prison, quand elle comparait ses triomphes d'autrefois à ses malheurs d'aujourd'hui, quand elle pensait que ses larmes et ses chaînes auraient pu cesser par une intervention royale et que le souvenir de sa captivité ne troublait pas même les fêtes licencieuses de la cour, quel découragement, j'allais dire quel désespoir, elle aurait ressenti, si elle n'avait pris tout en gré selon le conseil de ses voix, et si elle n'avait pas tant aimé Dieu et la France ! Pendant que Charles VII oubliait ses services, Jeanne d'Arc, sur le conseil de ses voix, lui rend le témoignage le plus élogieux : « Par ma foi, j'ose bien dire et jurer sur peine de ma vie qu'il est le plus noble chrétien de France ». Vous voyez, M. F., que la charité est toujours la vengeance des saints.

Il nous reste à contempler Jeanne d'Arc dans le dernier tableau de son héroïsme virginal, que j'appellerai son martyre.

Depuis le crucifiement du Christ sur le Calvaire, je

connais peu de drames aussi émouvants que le supplice de Jeanne d'Arc à Rouen. C'est la même iniquité chez les Juges, c'est l'innocence accusée et condamnée, c'est le même embrassement de la volonté divine, en un mot, c'est la victime expiatoire qui s'offre à Dieu pour la rançon de la patrie. Tout est réuni pour exciter l'attendrissement et l'indignation : la jeunesse et la douceur de la victime, le souvenir de ses victoires et l'acharnement des bourreaux. Une immense pitié saisit la foule qui encombre la place du Vieux Marché, à la vue de Jeanne, qui prie et pleure en allant au bûcher. On dirait une sœur d'Agnès et de Cécile, qui va au martyre. On pleure avec elle qui distribue des pardons sur son passage. Le ciel même aurait pleuré, si les larmes n'étaient pas réservées à la terre. Seuls les Anglais hurlent de rage contre l'angélique Pucelle. Ils n'ont pu la déshonorer dans la prison, et il faudra qu'elle meure pour expier le courage d'avoir résisté à leurs attentats. Rien ne peut les fléchir. Ils l'ont vue communier le matin avec une ferveur céleste, ils ont entendu son dernier épanchement de la terre avec son divin Bien Aimé.

Maintenant la voilà sur son bûcher, mais elle ne veut pas y être seule ; elle demande qu'on offre à ses regards et à ses baisers la vue d'un crucifix afin d'adoucir son agonie. Avant que le feu soit allumé, elle s'écrie : « ô Rouen, ô Rouen, j'ai bien peur que tu n'aies à souffrir de ma mort ! » Puis, la flamme crépite et monte, les étincelles jaillissent, la fumée au gré du vent passe et repasse autour de la victime. Elle baise avec amour le crucifix qu'on présente à ses lèvres brûlantes, et on l'entend murmurer : « Jésus ! Jésus ! Jésus ! » Ce fut son dernier baiser et sa dernière parole. Puis, l'anglais qui attisait le feu vit une blanche colombe prendre son essor vers le ciel. L'âme de Jeanne s'était envolée. — « Nous avons brûlé une sainte ! » dit le bourreau repentant, et le lendemain tout le peuple de Rouen répétait : « Ils ont brûlé une sainte ! » C'était comme un écho du Calvaire, où le Centurion disait du Christ : « Il était vraiment le Fils de Dieu ! » O prodige ! on retrouve le cœur de Jeanne tout saignant dans les cendres du bûcher, mais la haine la poursuivit jusque dans la mort. Un cardinal anglais fit tout jeter à la Seine. O bienheureuse Jeanne, avec quel amour nous aurions baisé vos reliques, si Dieu avait permis qu'il en restât sur la terre, afin qu'à votre exemple nous sachions vivre et mourir pour Dieu et pour la France !

Ce n'est pas assez d'avoir noyé les cendres de Jeanne dans la Seine, ses ennemis auraient voulu anéantir sa mémoire. Mais elle en avait appelé au Pape et à l'Eglise universelle ; son appel fut entendu, et c'est sa mère en deuil qui vint à Notre-Dame de Paris demander la réhabilitation de sa fille. Ce fut une première résurrection dans l'opinion de la postérité. Elle n'empêcha pas l'histoire de conspirer contre elle et le souvenir de ses vertus semblait condamné à périr, si le 19e siècle avec une pléiade d'écrivains honnêtes n'eût vengé la Pucelle des outrages lancés contre son honneur et son patriotisme. Il fallait une consécration plus solennelle, elle vint de la Papauté, qui est la vengeresse incorruptible de toutes les saintes mémoires. Le 18 avril 1909, dans l'abside flamboyante de Saint-Pierre de Rome, en présence d'une foule innombrable qui priait et pleurait d'admiration, la voix souveraine de Pie X a décerné à Jeanne d'Arc la plus triomphale des apothéoses en la proclamant Bienheureuse, pendant qu'au loin la France applaudissait à la glorification de son héroïque libératrice, qui fut toujours pure comme un lis et brave comme une épée. Soyons fiers qu'une aussi merveilleuse créature appartienne à la France, et que pour la France seule Dieu ait créé un tel chef-d'œuvre de patriotisme et d'innocence virginale. Depuis que Jeanne est passée du bûcher de Rouen sur les autels de l'Eglise, un courant irrésistible d'enthousiasme entraine les âmes françaises. C'est la France qui répare ses fautes envers la Pucelle.

En parlant des génies et des conquérants qui ont ébloui l'humanité, Saint Augustin écrit que Dieu les a créés pour orner le siècle présent, *Ut præsens sæculum ornaret.* Ah ! M. F., Dieu a prodigué ses dons à la France. Il a orné son territoire de tous les charmes naturels, mais de quelle beauté supérieure il a enrichi son histoire, en lui donnant Charlemagne et Saint Louis, Bossuet et Saint Vincent de Paul, Sainte Clotilde et Sainte Radégonde les deux mères de la patrie, et la Bienheureuse Jeanne d'Arc ! Il a jeté sur notre pays un décor merveilleux avec la parure de ses vertus et de ses victoires. Mais Jeanne d'Arc n'est pas seulement un décor de pureté et d'héroïsme pour la France, sa vie est pour nous une source féconde d'enseignements et d'exemples. Rappelez-vous les belles paroles qui brillent comme autant de perles à son auréole virginale : « Si je suis en état de grâce, Dieu m'y garde ! Si je n'y suis pas, Dieu m'y mette ! » — « Messire Dieu est mon Seigneur roi du ciel, c'est à lui que je dois obéir ». — A cette heure surtout, où la douleur et l'isolement ont envahi vos foyers, il fait bon d'entendre les paroles de ses voix : « Prenez tout en gré, Dieu vous aidera, et vous viendrez au Paradis ». N'oubliez pas qu'elle n'agissait, ne souffrait et ne mourait que pour l'amour de Dieu et de la France, imitez ses prières et ses sacrifices, car c'est une forme du patriotisme de prier et de se sacrifier pour la patrie.

J'achève par des supplications à Jeanne d'Arc. Elle dit un jour à ses soldats: « Les Anglais seront-ils pendus aux nuages, *nous les aurons!* » En félicitant ses braves d'avoir battu l'ennemi autour de Verdun, le généralissime fit écho à Jeanne et leur dit avec énergie : « *Nous les aurons !* » O Jeanne, déployez au-dessus de nos armées votre étendard et sa devise : « Jésus, Maria ! » Dites à la fleur de la jeunesse catholique et française qui lutte depuis trois ans pour la patrie : « Allez hardiment contre les Barbares ; quand même ils seraient montés jusqu'aux nuages ou descendus jusqu'aux entrailles de la terre, je combattrai avec vous, et *nous les aurons!.* »

La Victoire et la paix ! C'est le vœu le plus ardent de toutes les âmes françaises, mais la paix sans la victoire serait le déshonneur et l'esclavage de la patrie que vous n'auriez jamais acceptés. Fixez donc la Victoire à nos drapeaux, et par elle conduisez-nous à la paix glorieuse que nos morts ont payée de leur sang. Jeanne, soyez avec nous et *nous les aurons !*

L'Alsace et la Lorraine ! Deux exilées qui soupirent après leur ancienne patrie, deux sœurs de la grande famille française, qu'on a arrachées au flanc ensanglanté de leur mère, deux martyres qui ont pleuré souvent au seul nom de la France et qui ont bu leurs larmes depuis 45 ans ! mais rien n'a lassé leur fidélité et leur courage. O Jeanne, soyez notre alliée, aidez la France à les reconquérir ! Si autrefois on leur a dit insolemment : « La force prime le droit ! elles diront à leur tour en brisant leurs fers : « Vive la France, c'est le droit qui prime la force ! et *Nous les aurons !*

La justice et la liberté ! L'Eglise et la vraie France n'en ont plus. Elles sont esclaves d'une légalité qui les opprime. O Jeanne, faites rendre à Dieu tous ses droits, à l'Eglise toutes ses libertés, et à la France toute sa gloire. Au nom de Messire Dieu, votre Seigneur roi du ciel et le nôtre, au nom de votre sang et du sang de France qui a tant coulé pour la patrie, protégez-nous jusqu'au triomphe, et *Nous les aurons !*

Enfin par votre intercession, ô Bienheureuse Jeanne, l'intégrité de la foi, l'innocence de la vie, l'amour de Dieu et de la France, la palme et la couronne des élus, *Nous les aurons !*

Ainsi soit-il.

www.ingramcontent.com/pod-product-compliance
Ingram Content Group UK Ltd.
Pitfield, Milton Keynes, MK11 3LW, UK
UKHW020109100726
13658UKWH00005B/2055